Sopa de Letras

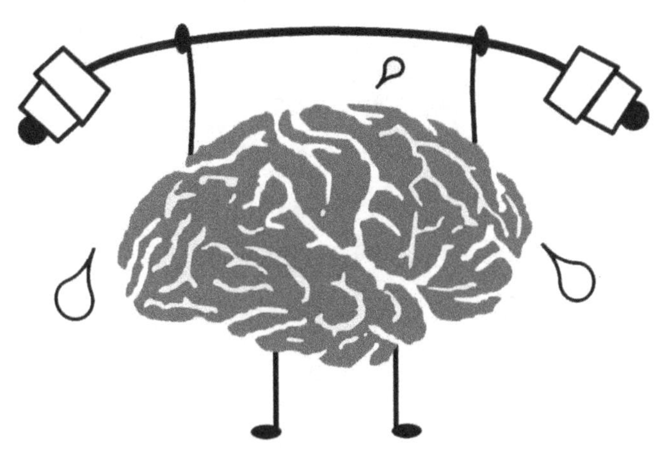

introducción

La sopa de letras es un juego que consiste en una cuadrícula u otraforma geométrica rellena con diferentes letras y sin sentido aparente.
 El juegoconsiste en descubrir un número determinado de palabras enlazando estasletras de forma horizontal, vertical o diagonal y en cualquier sentido.

Para ayudarnos a continuar, publique un comentario en el sitio.
y apreciaremos sus comentarios y sugerencias.

©2021

H	O	L	A	L	D	F	R	B	T
O	N	D	U	L	A	D	O	Q	B
F	L	O	R	E	S	R	N	T	D
H	N	C	R	P	F	R	R	P	E
U	Ñ	A	A	T	I	M	C	O	S
F	I	E	E	C	C	A	U	T	V
Z	U	W	T	V	H	N	A	E	Á
S	H	G	B	E	E	O	T	P	N
I	Z	Z	F	D	R	Q	R	B	M
H	E	T	X	V	O	J	O	A	M

ONDULADO	FICHERO	POTE
DESVÁN	HOLA	CUATRO
UÑA	FLORES	MANO

Sopa de Letras

M	D	X	R	O	D	I	L	L	A
A	H	B	J	T	A	X	W	J	Q
D	G	G	A	A	P	G	L	F	C
R	A	W	M	R	E	R	U	S	E
E	Q	Y	Ó	J	R	B	N	Ó	B
Z	I	T	N	E	I	U	E	T	O
P	X	H	H	T	T	M	S	A	L
L	I	M	A	A	I	K	B	N	L
Y	M	F	A	B	V	I	S	O	A
Z	D	L	X	H	O	N	Z	X	W

TARJETA **RODILLA** **MADRE**

LUNES **APERITIVO** **SÓTANO**

JAMÓN **CEBOLLA** **LIMA**

Sopa de Letras

U	G	P	I	E	Z	A	P	D	F
T	D	A	M	S	X	G	R	R	W
G	I	B	C	P	M	P	I	K	Z
P	E	U	O	I	I	C	N	F	U
A	C	E	D	N	Q	R	C	R	H
P	I	L	O	A	O	F	I	U	A
E	O	A	M	C	J	K	P	T	G
L	C	H	R	A	A	P	A	A	U
T	H	S	U	S	G	L	L	L	A
L	O	C	J	A	Z	A	F	U	L

ABUELA   **ESPINACAS**   **CODO**

FRUTA   **PIEZA**   **PRINCIPAL**

PAPEL   **AGUA**   **DIECIOCHO**

L	T	E	M	P	R	A	N	O	E
C	O	C	I	N	E	R	O	G	T
I	T	D	U	V	A	X	G	O	L
R	Z	R	D	A	J	C	B	C	M
I	L	V	M	F	E	P	R	T	C
Z	B	U	S	C	A	R	E	U	U
A	F	B	C	P	P	L	D	B	M
D	C	B	I	S	T	E	C	R	I
O	R	O	S	T	R	O	P	E	L
Y	N	A	S	U	S	T	A	D	O

ROSTRO	ASUSTADO	BUSCAR
OCTUBRE	UVA	BISTEC
COCINERO	RIZADO	TEMPRANO

R	P	O	T	E	O	V	B	K	K
O	T	O	B	I	L	L	O	Q	I
P	O	L	A	C	O	V	U	C	L
Y	P	C	O	R	T	O	F	P	O
P	E	H	Y	R	R	P	F	I	G
V	R	J	M	T	Q	Z	O	Z	R
M	F	K	X	P	P	A	N	A	A
X	U	Z	G	O	I	Z	Z	R	M
Q	M	V	E	I	N	T	E	R	O
Z	E	S	S	S	G	K	X	A	Y

PAN	KILOGRAMO	PERFUME
POLACO	VEINTE	POTE
TOBILLO	CORTO	PIZARRA

Sopa de Letras

T	A	M	A	E	H	O	F	U	P
X	F	E	M	M	E	F	G	K	O
B	W	Z	I	P	S	A	W	S	R
M	H	Q	G	L	S	B	M	E	T
T	E	U	O	E	Z	O	D	C	U
K	L	I	I	A	D	G	É	R	G
Z	A	N	A	D	K	A	B	E	U
B	D	O	U	O	T	D	I	T	É
C	O	W	Z	L	U	O	L	O	S
H	D	V	E	I	N	T	E	B	J

AMIGO	**ABOGADO**	**EMPLEADO**
PORTUGUÉS	**VEINTE**	**SECRETO**
HELADO	**MEZQUINO**	**DÉBIL**

V	T	J	Q	U	I	N	C	E	E	E
E	X	G	T	J	M	Q	Z	H	N	
I	S	E	S	P	A	L	D	A	F	
N	K	A	J	F	R	I	O	B	Y	
T	T	S	E	I	S	D	Y	G	E	
E	N	S	U	E	R	O	E	M	O	
A	Z	U	L	E	S	D	S	N	I	
T	R	A	N	Q	U	I	L	O	X	
B	O	C	A	D	I	L	L	O	I	
U	F	Y	H	E	R	M	A	N	O	

VEINTE   HERMANO   AZULES

BOCADILLO   QUINCE   TRANQUILO

SUERO   ESPALDA   SEIS

P	A	S	A	P	O	R	T	E	D
K	P	F	X	A	G	O	S	T	O
P	R	E	B	X	E	C	B	L	Q
E	Á	B	M	E	S	U	U	W	O
S	B	R	I	O	C	Ñ	E	P	E
Q	A	E	T	N	U	A	M	A	P
U	N	R	L	S	E	D	Q	T	F
Í	O	O	W	J	L	O	L	I	E
A	S	Y	L	L	A	K	H	O	V
G	M	A	D	R	E	X	V	H	H

PASAPORTE   **ESQUÍ**   **FEBRERO**

MADRE   **RÁBANO**   **CUÑADO**

AGOSTO   **ESCUELA**   **PATIO**

L	I	S	O	W	D	R	Z	M	V
H	T	T	T	C	E	N	C	I	I
E	L	Q	A	G	S	H	A	N	O
R	X	U	R	P	A	Y	S	G	L
M	Z	B	E	A	Y	G	A	E	E
A	H	S	A	S	U	D	R	N	T
N	F	T	Q	T	N	U	S	I	A
A	G	Q	V	E	O	W	E	E	F
S	N	V	R	L	E	N	P	R	V
A	Z	U	L	E	S	K	O	O	J

DESAYUNO   INGENIERO   PASTEL

LISO   TAREA   HERMANA

CASARSE   AZULES   VIOLETA

Z	D	D	J	K	H	G	Y	E	O	
X	M	Y	K	Y	U	U	O	G	H	
D	I	V	I	D	E	A	G	Q	P	
X	L	X	L	E	S	S	U	C	I	
V	L	P	O	S	T	E	R	E	M	
E	A	O	G	P	E	A	S	N	I	
K	F	L	R	E	S	N	C	A	E	
G	Z	L	A	G	H	V	L	H	N	
E	K	O	M	A	R	K	X	X	T	
P	T	I	O	R	B	G	M	R	A	

PIMIENTA **GUASEAN** **MILLA**

ESTE **YOGUR** **DESPEGAR**

CENA **POLLO** **KILOGRAMO**

A	Q	Y	C	U	Q	C	V	L	B
P	I	A	A	K	S	A	E	O	C
E	Q	E	Z	T	U	R	R	A	O
R	K	E	A	P	M	N	A	E	L
I	F	B	V	N	A	E	N	S	E
T	R	M	C	I	D	R	D	P	G
I	E	A	Y	S	O	P	A	A	I
V	S	P	A	X	R	A	V	Ñ	O
O	A	A	H	H	A	B	Q	O	W
Z	A	D	Y	Y	W	I	H	L	W

CAZA	CARNE	VERANDA
FRESA	ESPAÑOL	APERITIVO
MAPA	COLEGIO	SUMADORA

T	P	U	F	R	A	N	C	É	S
L	P	D	S	Q	V	R	Z	T	U
I	A	F	R	I	C	A	N	O	W
P	E	R	E	Z	O	S	O	C	C
P	M	A	D	R	E	N	O	I	D
V	M	M	W	T	A	R	E	A	J
J	U	B	F	B	A	J	O	K	E
Z	U	M	A	P	A	B	D	F	U
T	P	A	S	A	P	O	R	T	E
E	S	C	O	B	É	N	G	P	U

PEREZOSO   **AFRICANO**   **MAPA**
MADRE   **TAREA**   **ESCOBÉN**
PASAPORTE   **FRANCÉS**   **BAJO**

V	L	C	L	F	Ú	T	B	O	L	L
M	F	A	H	A	R	L	J	D	D	D
A	P	R	M	W	J	N	E	E	C	
P	O	P	E	M	A	G	V	S	L	
N	L	E	L	L	R	L	I	P	B	
R	L	T	E	D	D	G	E	E	U	
V	O	A	N	P	Í	L	R	G	E	
K	B	D	A	F	N	P	N	A	N	
K	E	K	K	H	M	S	E	R	C	
F	Q	W	M	F	R	E	S	A	P	

BUEN	CARPETA	POLLO
MELENA	JARDÍN	DESPEGAR
FÚTBOL	VIERNES	FRESA

L	A	T	L	É	T	I	C	O	P
U	C	A	M	A	R	E	R	O	E
C	L	A	S	E	Z	E	T	L	R
E	B	Q	C	O	D	O	Z	K	F
B	U	B	D	R	U	S	O	Z	U
P	R	I	N	C	I	P	A	L	M
J	T	I	Y	W	L	J	M	O	E
S	E	T	E	N	T	A	F	S	F
F	Y	T	F	E	B	R	E	R	O
O	B	K	S	E	O	J	P	G	A

RUSO	**PERFUME**	**SETENTA**
ATLÉTICO	**FEBRERO**	**CODO**
CLASE	**CAMARERO**	**PRINCIPAL**

W	M	Q	S	P	I	G	S	M	P
L	M	I	L	L	A	T	O	M	R
O	U	T	O	M	M	S	L	J	E
S	H	U	E	V	O	A	C	X	S
B	Z	B	O	T	E	L	L	A	E
C	E	N	A	W	U	X	F	V	N
D	I	R	E	C	T	O	R	W	C
C	U	A	D	E	R	N	O	R	I
X	V	D	A	M	I	G	O	S	A
M	A	N	C	H	O	A	M	S	P

AMIGO   **CUADERNO**   **CENA**

HUEVO   **ANCHOA**   **BOTELLA**

DIRECTOR   **MILLA**   **PRESENCIA**

M	Q	W	T	I	P	A	Y	Y	Y	I
Q	Q	Z	B	K	R	M	T	F	T	
T	R	P	F	Y	E	I	Q	F	C	
P	O	O	Z	I	S	S	R	F	A	
R	S	T	G	Z	E	T	H	A	N	
I	A	I	F	N	N	O	M	Z	A	
M	D	N	P	V	T	S	Q	U	S	
O	O	G	Z	X	E	O	X	L	X	
F	W	U	C	U	E	L	L	O	T	
C	S	E	Z	B	A	I	L	E	O	

PRESENTE AMISTOSO BAILE
CANAS AZUL CUELLO
POTINGUE ROSADO PRIMO

G	U	I	S	A	N	T	E	S	M
A	W	C	I	R	U	E	L	A	P
B	Q	N	A	R	I	Z	L	K	H
U	O	A	L	Z	M	D	W	Z	C
E	P	R	I	N	C	I	P	A	L
L	T	R	A	N	Q	U	I	L	O
A	B	O	C	A	D	I	L	L	O
H	H	E	R	M	A	N	O	B	D
V	W	W	T	A	R	J	E	T	A
S	E	Z	Z	B	R	F	W	W	H

ABUELA   HERMANO   TRANQUILO
TARJETA   PRINCIPAL   CIRUELA
BOCADILLO   GUISANTES   NARIZ

Y	V	A	L	I	E	N	T	E	R		R
H	A	D	R	Z	P	B	U	J	A		
X	R	B	O	T	A	S	N	U	E		R
M	G	Z	Y	B	U	S	C	A	R		R
O	E	E	M	B	A	R	C	A	R		
C	N	A	B	R	I	G	O	D	I		I
H	T	R	E	C	O	G	I	D	A		A
I	I	S	I	E	T	E	N	C	M		M
L	N	O	R	L	Z	E	J	O	U		U
A	O	R	I	T	N	T	J	S	J		J

MOCHILA   **BOTAS**   **BUSCAR**
ARGENTINO   **VALIENTE**   **EMBARCAR**
ABRIGO   **RECOGIDA**   **SIETE**

G	T	G	P	R	C	I	P	X	M		
R	A	P	V	U	V	N	L	X	S		
A	U	R	P	X	A	A	Á	K	A		
C	S	E	B	C	I	T	T	W	L		
I	I	P	A	V	N	A	A	I	I		
A	S	A	S	H	I	C	N	D	D		
S	V	R	T	T	L	E	O	Q	A		
F	R	A	A	A	L	G	O	C	S		
C	J	R	R	Z	A	G	G	Z	D		
K	G	J	L	A	W	R	M	I	L		

NATA **PLÁTANO** **TAZA**

VAINILLA **PREPARAR** **GRACIAS**

MIL **SALIDAS** **BASTAR**

C	H	V	O	C	X	W	M	O	O
U	L	O	R	I	H	F	X	B	K
E	Á	B	M	N	N	P	D	E	A
L	P	A	T	C	E	A	E	R	B
L	I	P	W	U	R	N	S	E	R
O	Z	I	G	E	V	A	P	N	I
Y	Q	O	S	N	I	D	A	J	G
B	Z	F	K	T	O	E	C	E	O
F	V	G	N	A	S	R	H	N	N
Q	O	I	V	K	O	O	O	A	P

NERVIOSO   PANADERO   LÁPIZ

DESPACHO   CUELLO   APIO

ABRIGO   BERENJENA   CINCUENTA

M	T	A	F	P	S	X	Y	Q	A		
E	F	M	P	R	A	L	P	U	D		
Z	F	A	E	E	V	L	Q	V	I		
O	B	Y	C	S	E	S	P	M	Ó		
Z	O	O	H	E	O	F	U	W	S		
Z	T	S	O	N	T	W	J	V	A		
U	E	I	P	T	I	J	P	J	L		
S	L	E	L	A	Z	U	L	T	A		
B	L	T	S	R	A	E	G	D	Q		
P	A	E	D	T	R	O	J	O	R		

SALA

MAYO

ROJO

ADIÓS

BOTELLA

PRESENTAR

SIETE

TIZA

PECHO

Y	P	E	C	H	O	C	Z	U	A
M	P	I	E	M	V	A	D	P	P
V	L	F	U	J	M	R	Y	Q	R
T	A	R	A	I	Q	P	M	F	I
F	U	E	R	T	E	E	Z	E	M
Q	M	R	I	A	C	T	W	Q	E
C	H	O	C	O	L	A	T	E	R
A	M	A	D	R	E	M	D	Y	O
Y	M	A	N	Z	A	N	A	P	I
M	C	P	E	R	F	U	M	E	J

PECHO **CARPETA** **PIE**
PRIMERO **PERFUME** **CHOCOLATE**
MADRE **MANZANA** **FUERTE**

G	R	A	C	I	A	S	Q	Q	O
B	G	X	R	R	A	V	I	Ó	N
U	N	J	U	N	I	O	H	P	K
S	C	X	M	H	I	T	Q	S	Q
C	W	B	L	A	N	C	O	U	F
A	W	L	I	B	R	O	U	É	R
R	I	O	E	S	T	E	E	T	R
U	L	X	J	X	K	U	F	E	L
E	Q	U	I	P	A	J	E	R	Y
Q	J	Q	V	J	U	C	I	I	N

AVIÓN   SUÉTER   OESTE

GRACIAS   EQUIPAJE   LIBRO

BUSCAR   BLANCO   JUNIO

G	T	G	O	V	U	E	L	O	M		
H	T	B	U	L	V	T	O	I	L		
E	J	L	T	E	R	N	E	R	A		
L	A	M	E	R	I	C	A	N	O		
A	T	R	I	S	T	E	A	U	E		
D	A	M	I	G	A	O	N	I	D		
O	H	C	S	U	P	H	H	H	B		
R	T	D	P	I	Z	A	R	R	A		
C	O	R	D	E	R	O	N	A	G		
C	I	C	L	I	S	M	O	A	V		

CORDERO   **PIZARRA**   **HELADO**
AMERICANO   **CICLISMO**   **AMIGA**
TERNERA   **VUELO**   **TRISTE**

O	R	D	E	N	A	D	O	R	L	L
V	I	Y	L	J	U	R	H	S	E	E
W	N	N	J	Z	G	F	S	A	C	C
U	G	O	Y	J	C	I	C	L	T	T
R	E	C	O	G	I	D	A	C	U	U
Q	N	G	C	U	U	Y	P	H	R	R
B	I	C	Z	D	W	P	E	I	A	A
E	E	E	R	O	P	A	C	C	E	E
G	R	F	R	E	S	A	H	H	L	L
C	O	V	C	A	Z	A	O	A	O	O

FRESA   **ORDENADOR**   **SALCHICHA**

CAZA   **INGENIERO**   **PECHO**

ROPA   **LECTURA**   **RECOGIDA**

Sopa de Letras

P	C	A	R	N	I	C	E	R	O
G	C	I	N	C	U	E	N	T	A
E	S	P	O	S	A	T	Z	N	O
D	I	V	E	R	T	I	D	O	U
S	N	B	O	R	R	A	D	O	R
F	Q	G	G	F	L	O	R	E	S
U	W	P	I	M	I	E	N	T	A
H	A	R	Á	N	D	A	N	O	B
C	P	R	I	N	C	I	P	I	O
X	Q	W	G	U	I	Q	F	W	J

PRINCIPIO   **DIVERTIDO**   **ARÁNDANO**

PIMIENTA   **CINCUENTA**   **FLORES**

CARNICERO   **BORRADOR**   **ESPOSA**

T	A	C	A	M	A	R	E	R	O	O
Y	O	C	M	A	F	E	K	V	L	
S	T	H	S	Y	E	M	H	X	R	
B	E	A	S	T	O	U	N	Q	W	
W	N	Q	G	A	G	U	A	K	F	
J	I	U	Q	S	U	E	G	R	A	
G	S	E	U	N	O	Z	Q	K	X	
M	I	T	J	U	L	I	O	D	H	
W	T	A	R	Á	N	D	A	N	O	
T	C	I	C	L	I	S	M	O	V	

CHAQUETA   **SUEGRA**   **JULIO**

CAMARERO   **TENIS**   **ARÁNDANO**

AGUA   **CICLISMO**   **UNO**

A	V	I	Ó	N	Q	G	G	Q	U	T
Z	L	I	B	R	O	C	I	L	I	O
Z	S	J	Z	S	G	O	T	P	S	
B	U	U	A	J	R	R	D	A	Ó	
E	M	E	P	Z	M	T	K	T	T	
D	F	V	A	U	K	O	A	A	A	
V	V	E	T	O	N	C	D	T	N	
Z	K	S	O	J	D	F	O	A	O	
S	A	D	U	A	N	A	S	M	I	
S	Z	A	N	A	H	O	R	I	A	

LIBRO	AVIÓN	JUEVES
CORTO	ADUANA	SÓTANO
PATATA	ZAPATO	ZANAHORIA

G	Z	D	O	H	X	J	H	O	N
A	T	E	R	R	I	Z	A	R	X
J	P	E	R	E	Z	O	S	O	B
K	I	L	O	U	P	B	N	J	U
M	S	Y	N	S	U	I	Z	O	O
C	L	A	S	E	M	D	K	P	T
M	A	R	T	E	S	X	M	U	H
F	R	A	M	B	U	E	S	A	W
N	B	E	B	E	R	B	Z	K	M
N	B	Z	F	L	O	R	E	S	Y

KILO **SUIZO** **PEREZOSO**

FLORES **FRAMBUESA** **CLASE**

ATERRIZAR **BEBER** **MARTES**

F	S	M	A	C	H	O	J	A	T	T
R	U	V	A	P	C	Z	N	C	R	R
A	D	C	Y	R	O	P	A	K	C	C
M	F	A	F	I	P	M	P	S	Y	Y
B	I	Z	N	M	L	V	E	S	L	L
U	M	A	Z	O	R	C	A	I	X	X
E	C	H	A	Q	U	E	T	A	Z	Z
S	W	M	E	S	P	O	S	A	N	N
A	O	W	R	U	S	O	G	P	W	W
G	Q	M	W	F	J	O	A	R	H	H

HOJA **CAZA** **MAZORCA**

PRIMO **FRAMBUESA** **UVA**

ESPOSA **CHAQUETA** **RUSO**

A	S	U	S	T	A	D	O	T	H
T	P	U	P	I	T	R	E	J	X
Q	P	E	S	C	A	D	O	I	X
A	T	E	R	R	I	Z	A	R	Y
A	S	I	Á	T	I	C	O	R	A
W	D	C	A	B	E	Z	A	L	D
X	K	P	U	V	Z	Q	Y	G	U
K	U	N	R	X	U	F	O	L	A
S	W	E	P	A	S	T	E	L	N
U	U	X	C	A	J	E	R	O	A

PASTEL   **CABEZA**   **ADUANA**
PUPITRE   **PESCADO**   **ASIÁTICO**
CAJERO   **ASUSTADO**   **ATERRIZAR**

P	C	Q	M	M	Q	C	P	P	J
S	Á	B	A	D	O	J	R	O	U
I	N	G	L	É	S	D	E	L	L
F	K	C	R	M	P	J	S	I	I
S	G	U	N	A	S	K	E	C	O
Ó	M	C	Z	Y	U	P	N	Í	I
T	J	H	C	O	R	W	T	A	S
A	V	A	W	D	Q	H	A	K	Q
N	P	R	M	Q	G	P	R	K	W
O	H	A	N	G	T	I	C	R	S

POLICÍA	**MAYO**	**PRESENTAR**
SÁBADO	**SUR**	**JULIO**
CUCHARA	**INGLÉS**	**SÓTANO**

I	V	J	A	Z	B	O	C	A	K		
I	V	J	A	Z	B	O	C	A	K
C	E	D	F	N	I	A	X	R	O
Y	I	I	S	L	T	L	H	W	V
N	N	C	C	L	N	M	M	J	V
L	T	I	F	L	O	U	A	H	I
C	I	E	Q	U	R	E	Y	K	O
L	U	M	X	C	E	R	O	U	L
T	N	B	N	H	J	Z	N	N	E
Y	O	R	H	A	A	O	M	O	T
Y	U	E	S	E	C	A	W	E	A

OREJA	BOCA	VEINTIUNO
VIOLETA	UNO	DICIEMBRE
LUCHA	ALMUERZO	MAYO

Sopa de Letras

M	M	O	F	B	O	K	Z	W	Q
A	A	C	N	U	D	L	Z	U	E
H	P	H	G	E	W	Y	A	I	V
O	E	O	U	N	B	H	P	K	R
J	R	T	A	Q	C	Q	A	M	N
A	I	H	P	L	N	K	T	X	E
F	T	T	O	T	Y	H	O	I	U
F	I	C	H	E	R	O	M	N	H
F	V	Y	S	H	V	E	L	A	X
O	O	N	A	R	A	N	J	A	I

BUEN	GUAPO	FICHERO
NARANJA	APERITIVO	HOJA
ZAPATO	VELA	OCHO

M	R	Z	X	J	B	H	B	Y	W
E	C	O	J	K	Y	E	O	T	R
Q	N	Z	L	H	A	N	D	V	Z
E	N	E	R	O	I	F	A	E	Y
S	C	B	Y	E	Y	E	R	L	T
F	L	O	R	E	S	R	O	A	D
B	P	E	L	O	T	M	M	X	O
Q	U	I	N	C	E	E	P	J	J
M	A	R	T	E	S	R	E	P	Z
Q	D	U	K	E	Y	O	R	S	X

ROMPER	ENFERMERO	ENERO
FLORES	PELO	BODA
MARTES	QUINCE	VELA

T	M	M	A	P	A	B	L	A	P
M	A	O	C	L	M	M	F	E	X
D	R	C	O	U	Q	H	L	R	E
F	T	H	M	N	D	L	V	Y	Z
R	E	I	I	E	I	L	Z	H	S
Q	S	N	D	S	E	H	C	O	S
F	C	O	A	J	Z	Q	S	J	P
Z	C	O	N	E	J	O	F	R	A
O	G	Z	U	V	A	Z	W	V	E
K	O	O	C	T	U	B	R	E	Q

LUNES	**MARTES**	**CONEJO**
MAPA	**COMIDA**	**OCTUBRE**
CHINO	**UVA**	**DIEZ**

M	P	C	Y	P	W	F	W	Y	M
O	J	O	Q	H	S	C	Q	G	S
C	P	P	B	O	N	I	T	A	E
G	R	I	A	P	X	Q	V	I	G
T	O	A	I	T	M	V	M	P	U
R	F	D	L	A	E	Q	W	T	I
E	E	O	E	Y	N	L	X	S	R
C	S	R	A	X	D	I	E	Z	Y
E	O	A	B	Y	B	K	I	Y	H
G	R	P	S	O	B	R	I	N	A

COPIADORA	BONITA	BAILE
DIEZ	SEGUIR	PROFESOR
OJO	SOBRINA	TRECE

Z	Q	C	E	R	V	E	Z	A	N
M	A	F	R	I	C	A	N	O	Z
P	L	U	M	A	B	R	I	G	O
S	T	E	R	M	I	N	A	L	A
E	N	C	A	N	T	A	D	O	J
S	E	G	U	R	I	D	A	D	P
Y	Z	Z	A	C	I	A	D	L	F
T	Q	V	M	D	S	Q	E	Y	K
Q	C	H	I	N	O	V	B	G	S
A	Q	U	E	S	O	H	P	K	B

TERMINAL   **ENCANTADO**   **AFRICANO**
CHINO   **QUESO**   **PLUMA**
SEGURIDAD   **ABRIGO**   **CERVEZA**

C	H	A	Q	U	E	T	A	M	M
F	S	X	P	H	L	M	N	H	E
M	E	M	B	A	R	Q	U	E	J
A	P	A	C	I	E	N	T	E	I
Z	J	B	R	A	Z	O	W	V	C
O	W	F	P	W	B	O	C	A	A
R	R	X	Q	A	K	C	I	K	N
C	B	R	O	N	C	E	A	D	O
A	Z	H	C	A	J	E	R	O	I
I	W	D	M	O	L	K	F	U	I

PACIENTE	MAZORCA	BRAZO
EMBARQUE	BRONCEADO	CHAQUETA
BOCA	CAJERO	MEJICANO

V	N	V	O	X	O	A	E	L	M
U	R	B	K	B	C	P	S	I	A
W	O	O	J	J	A	E	T	Q	P
E	S	C	C	L	Z	R	Ó	G	A
U	T	H	C	N	A	F	M	A	Q
V	R	O	O	E	M	U	A	R	O
L	O	N	F	W	A	M	G	Z	G
P	J	P	R	E	D	E	O	O	U
E	S	C	O	B	É	N	G	S	Y
L	Z	A	N	A	H	O	R	I	A

CAZA	PERFUME	ROSTRO
GARZOS	ESCOBÉN	ESTÓMAGO
OCHO	MAPA	ZANAHORIA

T	Z	J	G	I	Q	S	Y	F	S
K	Y	O	F	T	Y	C	M	W	B
I	X	C	L	A	H	U	F	M	U
B	R	H	I	L	C	C	A	A	S
A	A	O	N	I	N	H	D	B	C
I	W	H	D	A	E	A	U	I	A
L	F	I	I	N	L	R	A	E	R
E	C	J	O	O	K	A	N	R	C
W	N	A	M	P	B	D	A	T	M
C	H	P	A	A	O	A	G	O	R

ITALIANO	ABIERTO	HIJA
BAILE	OCHO	CUCHARADA
ADUANA	INDIO	BUSCAR

W	F	J	U	G	O	K	H	N	P
M	A	D	O	K	F	N	B	A	L
L	C	A	B	U	R	R	I	D	O
I	T	T	O	G	R	E	U	P	M
T	U	E	R	Q	M	G	B	I	E
R	R	L	R	K	X	O	U	Z	R
O	A	A	A	X	W	W	M	A	O
T	R	R	D	Y	O	G	U	R	P
N	S	G	O	L	L	G	X	R	H
E	A	O	R	P	T	M	X	A	N

PLOMERO **JUGO** **YOGUR**
ABURRIDO **LITRO** **BORRADOR**
PIZARRA **LARGO** **FACTURAR**

I	N	S	E	G	I	P	C	I	O
S	D	E	R	E	C	H	A	G	J
T	A	R	T	A	C	U	U	B	I
F	N	O	H	F	A	S	Q	U	X
B	C	E	G	E	L	O	Y	S	P
I	O	W	D	B	L	T	J	C	M
S	R	M	O	R	E	N	O	A	I
T	B	Q	H	E	Y	J	P	R	L
E	R	J	J	R	E	J	C	K	L
C	B	X	D	O	R	M	C	X	A

FEBRERO   BISTEC   TARTA
BUSCAR   MORENO   EGIPCIO
DERECHA   MILLA   CALLE

M	X	A	S	G	U	V	A	C	I
B	A	B	I	E	R	T	O	L	A
Z	S	U	I	Z	O	Z	U	A	D
K	L	P	C	L	D	V	I	S	C
D	H	E	H	C	Q	B	A	E	N
L	L	T	E	R	N	E	R	A	M
G	P	P	U	E	R	T	A	I	L
M	B	R	A	S	I	L	E	Ñ	O
E	S	T	Ú	P	I	D	O	E	E
V	I	G	S	A	L	I	D	A	S

ABIERTO	BRASILEÑO	SUIZO
ESTÚPIDO	TERNERA	CLASE
PUERTA	SALIDAS	UVA

I	V	O	C	U	A	T	R	O	A
N	V	E	R	A	N	D	A	J	H
Q	M	N	C	R	Y	I	I	A	G
U	Q	Y	U	B	R	H	V	P	H
I	U	B	O	C	A	P	D	O	Q
E	I	C	U	A	D	E	R	N	O
T	N	L	Z	G	O	M	W	É	A
O	C	W	Y	M	G	C	Y	S	B
N	E	S	T	Ó	M	A	G	O	A
U	L	A	J	E	D	R	E	Z	B

JAPONÉS	**BOCA**	**AJEDREZ**
ESTÓMAGO	**QUINCE**	**CUADERNO**
VERANDA	**INQUIETO**	**CUATRO**

G	A	B	O	G	A	D	O	E	O		
C	M	M	O	C	A	R	J	E	H		
Q	I	E	Q	A	V	R	X	L	O		
L	S	X	R	Z	B	O	D	Q	D		
L	T	C	A	A	B	S	E	Y	J		
J	O	E	F	H	A	A	L	P	U		
B	S	R	C	Q	L	D	G	R	S		
A	O	D	P	P	C	O	A	R	Y		
J	J	O	B	F	Ó	J	D	K	C		
O	L	I	M	A	N	J	O	F	Z		

ROSADO	AMISTOSO	LIMA
CAZA	ABOGADO	BALCÓN
CERDO	DELGADO	BAJO

N	A	P	I	O	M	S	U	K	V
O	W	Q	D	R	O	O	B	C	A
V	P	M	I	D	C	M	A	R	L
E	H	T	Y	E	H	K	V	Q	I
N	L	T	V	N	I	C	J	A	E
T	M	R	P	A	L	Q	C	S	N
A	S	A	N	D	A	L	I	A	T
V	Z	A	B	O	G	A	D	O	E
C	C	U	A	R	E	N	T	A	X
P	N	R	R	O	S	B	I	F	V

ROSBIF   **VALIENTE**   **MOCHILA**

CUARENTA   **ABOGADO**   **ORDENADOR**

NOVENTA   **APIO**   **SANDALIA**

O	N	J	A	X	Q	M	U	H	V
S	E	F	L	J	A	Q	B	Y	W
S	U	Y	T	E	H	M	C	C	X
M	Q	Z	O	N	D	Á	I	O	P
P	N	E	M	O	Y	Q	K	D	I
G	G	C	N	J	O	U	N	O	E
Z	P	E	T	A	G	I	U	A	O
L	B	N	G	D	U	N	E	G	F
V	Z	A	E	O	R	A	R	X	M
C	A	F	É	Z	P	S	A	G	Y

NUERA	CAFÉ	PIE
MÁQUINA	ALTO	CODO
YOGUR	ENOJADO	CENA

Z	C	R	I	A	D	A	B	I	B
P	T	H	H	T	W	G	A	U	B
R	M	N	V	B	P	Z	S	D	J
E	H	V	J	P	R	U	T	R	A
T	V	R	C	H	I	F	A	B	M
E	S	Q	U	Í	M	W	R	T	Ó
N	T	Z	A	Z	O	W	M	D	N
D	P	L	U	M	A	O	T	D	K
E	P	O	R	T	U	G	U	É	S
R	Y	A	W	M	A	D	R	E	C

PRETENDER   **ESQUÍ**   **MADRE**

PRIMO   **PLUMA**   **JAMÓN**

BASTAR   **PORTUGUÉS**   **CRIADA**

D	R	V	C	E	I	Z	F	T	D
O	T	S	A	C	A	R	Z	K	I
M	V	D	U	L	C	E	D	I	E
V	D	E	R	E	C	H	A	C	Z
V	U	J	L	C	A	Z	A	V	Z
C	O	B	A	R	D	E	C	J	L
E	C	O	N	Ó	M	I	C	A	G
A	Q	N	K	W	J	Y	A	Y	T
E	I	A	P	I	O	A	C	B	P
P	R	E	S	E	N	T	A	R	T

APIO	**DULCE**	**COBARDE**
SACAR	**CAZA**	**DIEZ**
ECONÓMICA	**DERECHA**	**PRESENTAR**

T	V	C	M	A	U	W	I	K	A		
P	P	C	U	U	N	I	J	K	K		
T	E	E	Y	O	V	T	L	V	Y		
M	N	R	B	C	B	L	A	U	V		
J	O	C	O	T	J	O	T	E	Z		
O	J	A	C	U	F	T	A	L	P		
S	A	T	A	B	S	E	Y	O	R		
J	D	P	E	R	M	I	L	X	I		
M	O	E	G	E	W	K	U	H	M		
P	R	E	S	E	N	T	A	R	O		

MIL	CERCA	ENOJADO
BOCA	OCTUBRE	PRESENTAR
PRIMO	VUELO	LATA

Y	Z	E	M	A	L	E	T	Í	N
F	P	S	C	B	P	S	Z	U	Q
L	P	P	I	K	R	Y	A	V	R
M	I	O	T	L	I	E	H	R	L
O	J	S	A	P	N	M	X	G	B
R	A	A	R	A	C	N	L	F	S
E	M	V	W	S	I	N	U	H	H
N	A	V	G	T	P	C	C	F	T
O	J	O	X	E	I	I	H	P	Q
S	U	O	U	L	O	V	A	C	Y

LUCHA   PRINCIPIO   MALETÍN
MORENOS   PIJAMA   ESPOSA
PASTEL   CITAR   OJO

D	Q	S	E	T	E	N	T	A	J		
O	U	F	E	I	W	J	S	H	Z		
M	E	R	T	S	W	P	X	E	W		
I	S	U	I	E	H	H	P	R	Y		
N	O	T	B	D	C	P	S	M	E		
G	S	A	L	I	D	A	S	A	R		
O	I	U	L	E	V	P	M	N	N		
I	Y	Y	A	O	C	F	C	O	O		
X	I	Q	F	M	A	Z	U	L	E		
A	L	I	B	R	O	W	T	W	P		

DOMINGO HERMANO AZUL

YERNO SALIDAS FRUTA

QUESO LIBRO SETENTA

Y	E	U	J	C	X	E	G	C	Z
F	S	R	U	R	O	N	P	V	A
P	Q	L	E	I	O	F	A	I	P
R	U	X	L	A	D	E	D	O	A
E	Í	Z	S	D	A	R	R	L	T
P	G	M	V	A	G	M	E	E	O
A	C	I	N	C	U	E	N	T	A
R	B	O	J	M	K	R	C	A	C
A	Q	T	G	L	C	O	I	H	V
R	P	A	S	A	P	O	R	T	E

PASAPORTE **ESQUÍ** **PADRE**
VIOLETA **CINCUENTA** **CRIADA**
ENFERMERO **ZAPATO** **PREPARAR**

Sopa de Letras

C	L	M	B	U	C	E	N	D	Z
O	B	I	T	T	E	N	H	R	U
N	S	W	A	E	R	F	X	Q	V
E	A	D	R	N	V	E	A	P	Z
J	L	D	T	E	E	R	D	V	B
O	Ó	E	A	D	Z	M	G	L	A
O	N	K	Z	O	A	E	M	C	J
O	C	L	N	R	E	R	R	G	O
A	L	C	A	C	H	O	F	A	T
U	V	A	L	I	E	N	T	E	A

VALIENTE **ALCACHOFA** **CERVEZA**
CONEJO **TARTA** **BAJO**
ENFERMERO **SALÓN** **TENEDOR**

W	C	R	A	P	J	L	H	P	M
L	S	C	U	A	R	E	N	T	A
H	N	O	R	T	E	I	Z	J	N
C	U	V	I	O	L	E	T	A	O
A	D	J	C	L	A	B	S	J	P
F	Z	O	R	Q	W	I	M	A	Y
É	U	C	I	C	L	I	S	M	O
S	U	G	A	J	J	U	G	O	P
L	W	I	D	X	R	F	A	A	K
J	E	P	A	F	E	O	W	A	G

CUARENTA	FEO	CICLISMO
CAFÉ	CRIADA	JUGO
NORTE	MANO	VIOLETA

C	G	K	C	O	M	I	D	A	S
V	X	E	P	W	G	R	I	S	E
D	T	E	Z	K	F	B	W	J	T
E	C	A	N	A	S	G	Z	U	M
D	E	N	F	E	R	M	E	R	O
O	Q	V	E	I	N	T	E	H	N
K	O	C	T	U	B	R	E	Y	K
P	Q	C	V	T	M	D	V	O	C
W	Q	E	S	P	O	S	O	G	Y
O	Q	U	I	N	C	E	A	W	O

QUINCE   ENFERMERO   GRIS

DEDO   ESPOSO   VEINTE

CANAS   OCTUBRE   COMIDA

C	T	Í	A	E	M	S	J	I	E
A	N	V	Z	E	P	A	W	U	N
S	B	R	A	Z	O	L	M	P	E
A	P	P	T	L	I	C	O	U	D
R	S	E	B	E	I	H	M	L	D
S	S	S	F	C	I	I	S	G	F
E	I	C	H	H	K	C	A	A	Q
D	E	A	V	U	V	H	L	R	U
L	T	R	A	G	C	A	I	Y	H
L	E	S	B	A	R	K	R	I	T

BRAZO	**SIETE**	**SALCHICHA**
TÍA	**SALIR**	**LECHUGA**
PULGAR	**PESCA**	**CASARSE**

P	O	S	I	H	G	L	F	W	X		
A	R	S	M	U	S	H	N	D	V		
C	D	A	M	I	S	T	O	S	O		
I	E	L	H	D	I	E	Z	X	R		
E	N	A	M	A	R	I	L	L	O		
N	A	M	X	E	D	A	S	U	J		
T	D	C	U	C	H	I	L	L	O		
E	O	T	A	R	T	A	D	H	R		
L	R	X	V	F	Y	I	S	J	R		
G	S	A	H	O	L	X	J	A	A		

AMISTOSO   **CUCHILLO**   **ROJO**

ORDENADOR   **PACIENTE**   **TARTA**

DIEZ   **AMARILLO**   **SALA**

G	D	T	V	G	E	H	A	S	D
W	C	E	G	L	Q	A	S	A	C
E	E	C	C	G	U	L	C	L	N
M	R	O	A	U	I	W	O	I	Z
B	O	N	M	A	P	C	M	D	A
K	B	Ó	I	S	A	O	P	A	A
C	A	M	S	E	J	C	R	S	U
Z	Ñ	I	E	A	E	I	A	A	R
H	O	C	T	N	Q	N	R	F	D
Y	N	A	A	H	W	A	G	B	P

SALIDAS   **COMPRAR**   **CERO**
CAMISETA   **BAÑO**   **GUASEAN**
ECONÓMICA   **EQUIPAJE**   **COCINA**

Q	M	H	J	U	E	V	E	S	H
U	C	Q	U	E	S	O	O	A	M
Q	H	T	H	M	I	P	S	X	I
C	O	O	J	L	M	Z	W	D	É
U	C	Z	M	Á	P	F	J	K	R
C	O	N	N	P	Á	W	P	L	C
H	L	Z	B	I	T	Y	P	I	O
A	A	W	A	Z	I	U	T	T	L
R	T	M	J	R	C	K	H	R	E
A	E	P	O	P	O	J	Y	O	S

JUEVES **SIMPÁTICO** **LITRO**

CUCHARA **MIÉRCOLES** **LÁPIZ**

BAJO **CHOCOLATE** **QUESO**

L	E	A	T	N	D	O	C	V	B
C	S	B	E	O	E	K	V	D	O
U	P	U	S	V	S	J	X	I	N
A	O	R	P	E	P	Q	X	C	I
X	S	R	A	N	E	R	O	I	T
A	O	I	Ñ	T	G	H	F	E	A
S	G	D	O	A	A	S	R	M	K
X	F	O	L	R	R	X	E	B	B
V	E	R	A	N	D	A	S	R	F
F	Q	B	M	R	D	F	A	E	U

NOVENTA	**BONITA**	**VERANDA**
ESPOSO	**DESPEGAR**	**FRESA**
DICIEMBRE	**ABURRIDO**	**ESPAÑOL**

T	W	S	C	J	A	R	D	Í	N
P	M	X	Y	O	G	U	R	D	P
L	Y	C	V	I	Q	V	Z	F	E
P	U	E	R	T	A	I	S	N	F
A	M	A	B	L	E	N	G	Q	P
N	U	X	C	W	T	O	G	T	U
I	A	Z	O	T	I	Z	A	C	H
J	N	B	Y	L	E	C	H	E	F
O	K	Q	P	E	S	C	A	D	O
C	I	N	C	O	E	W	O	U	N

PUERTA **AMABLE** **PESCADO**

JARDÍN **LECHE** **VINO**

CINCO **YOGUR** **TIZA**

P	R	E	P	A	R	A	R	R	T
X	Y	B	O	R	R	A	D	O	R
P	K	K	D	U	P	A	C	I	U
V	V	N	R	O	S	A	D	O	A
S	I	N	G	E	N	I	E	R	O
M	A	Y	O	F	E	G	R	A	L
M	O	C	H	I	L	A	U	N	I
B	V	A	C	T	R	I	Z	I	V
X	Y	O	W	P	A	D	R	E	P
P	A	V	O	T	N	F	W	J	L

PADRE	MOCHILA	ROSADO
ACTRIZ	INGENIERO	PREPARAR
PAVO	MAYO	BORRADOR

D	Y	C	O	C	I	N	E	R	O
M	S	K	U	K	R	W	S	Q	W
Z	G	Y	R	Y	Z	B	L	T	B
I	T	A	L	I	A	N	O	S	I
L	B	V	U	N	A	B	R	I	L
E	E	S	P	I	N	A	C	A	S
J	U	Ñ	A	T	T	F	V	V	X
O	C	A	T	O	R	C	E	W	O
S	L	R	O	D	I	L	L	A	S
J	Y	A	R	Á	N	D	A	N	O

UÑA	ESPINACAS	RODILLA
ITALIANO	CATORCE	ABRIL
COCINERO	LEJOS	ARÁNDANO

J	P	C	P	G	P	B	Z	Q	D
P	R	F	N	L	R	D	N	L	V
R	E	S	T	C	I	N	C	O	M
E	Q	A	R	Á	N	D	A	N	O
S	U	L	E	H	C	N	G	Y	N
E	I	I	I	Z	I	P	A	G	M
N	S	D	N	D	P	T	R	I	N
C	A	A	T	I	I	G	Z	X	Q
I	N	S	A	F	O	P	O	A	M
A	N	E	R	V	I	O	S	O	U

SALIDAS   **GARZOS**   **CINCO**

TREINTA   **REQUISAN**   **NERVIOSO**

PRESENCIA   **ARÁNDANO**   **PRINCIPIO**

P	L	O	M	E	R	O	Z	Q	X
A	R	L	E	P	A	S	T	E	L
M	S	E	G	U	R	O	P	F	N
A	Q	C	A	M	A	R	E	R	O
R	W	X	D	Y	L	B	N	W	V
I	P	O	R	T	U	G	U	É	S
L	S	F	R	A	N	C	É	S	T
L	H	C	J	B	O	T	A	S	H
O	P	R	P	E	M	A	D	R	E
K	Z	D	J	Z	Y	Y	P	V	A

PLOMERO	SEGURO	MADRE
FRANCÉS	PASTEL	PORTUGUÉS
AMARILLO	CAMARERO	BOTAS

E	S	T	P	Y	T	L	X	J	H	
Y	Y	E	R	C	E	E	Q	C	X	I
A	S	E	E	N	H	S	H	P	M	
N	E	I	B	O	E	P	P	U	P	
I	N	N	O	J	L	Z	G	E	A	
L	T	T	L	A	A	N	H	R	R	
L	A	A	L	D	D	D	Q	T	C	
O	F	V	A	O	O	B	Q	A	I	
S	G	O	E	Y	L	H	J	K	A	
L	A	B	U	E	L	A	G	V	L	

ANILLO	HELADO	TREINTAVO
ENOJADO	PUERTA	ABUELA
IMPARCIAL	CEBOLLA	SESENTA

A	O	E	I	Z	V	L	B	B	U
M	H	S	G	B	A	V	G	U	Y
E	D	C	N	U	L	A	U	F	C
L	E	A	X	S	T	I	A	U	B
O	S	L	K	C	O	N	S	E	N
C	P	E	T	A	G	I	E	R	T
O	A	R	J	R	I	L	A	T	Y
T	C	A	L	A	O	L	N	E	H
Ó	H	B	C	H	X	A	X	J	H
N	O	T	R	Y	H	T	I	Z	A

DESPACHO	**MELOCOTÓN**	**BUSCAR**
TIZA	**FUERTE**	**ESCALERA**
GUASEAN	**ALTO**	**VAINILLA**

V	E	I	N	T	I	U	N	O	I
I	O	C	B	W	C	I	S	S	H
C	U	P	U	L	G	A	D	A	O
U	A	M	I	S	T	O	S	O	M
A	C	X	J	X	B	Z	P	Q	B
R	A	B	G	P	U	E	I	V	R
E	Y	B	O	D	A	F	V	G	O
N	L	I	T	R	O	T	H	Y	S
T	H	P	T	Y	Y	Y	E	R	N	O
A	K	M	W	C	I	A	Z	U	L

PULGADA   AMISTOSO   AZUL

YERNO   CUARENTA   HOMBRO

BODA   LITRO   VEINTIUNO

H	K	R	P	L	I	T	R	O	N
G	A	F	R	I	C	A	N	O	G
P	W	N	P	T	F	C	K	G	T
S	M	S	P	C	A	R	N	E	D
U	V	T	A	R	E	A	C	E	C
E	V	O	L	R	L	U	V	A	F
G	G	W	U	Z	R	Q	N	J	E
R	G	A	S	U	I	Z	O	K	I
A	M	I	D	X	S	A	L	A	H
V	V	N	H	U	E	V	O	D	B

SUEGRA	UVA	AFRICANO
TAREA	SUIZO	CARNE
HUEVO	LITRO	SALA

Sopa de Letras

L	F	V	A	I	N	I	L	L	A
X	X	C	W	U	I	C	K	B	Q
T	M	E	C	Á	N	I	C	O	P
F	H	J	O	Q	F	N	R	R	I
I	Z	P	C	Q	V	C	S	A	K
C	A	E	S	R	X	U	U	U	N
H	M	S	M	P	B	E	E	L	N
E	I	C	F	O	A	N	G	A	E
R	G	A	F	T	J	T	R	E	O
O	O	Q	G	L	O	A	A	R	S

AULA	**PESCA**	**CINCUENTA**
MECÁNICO	**FICHERO**	**VAINILLA**
AMIGO	**SUEGRA**	**BAJO**

P	E	R	E	Z	O	S	O	C	N
E	V	P	U	B	U	S	C	A	R
S	V	H	C	H	I	N	O	U	L
T	Z	D	I	R	E	C	T	O	R
Ó	X	O	J	O	E	F	O	O	T
M	U	M	X	H	E	L	A	D	O
A	Q	Q	Q	K	P	S	J	K	Q
G	C	O	M	P	R	A	R	Y	P
O	C	A	S	A	T	R	J	K	X
R	S	K	K	F	X	F	F	T	G

OJO   **PEREZOSO**   **BUSCAR**

COMPRAR   **ESTÓMAGO**   **DIRECTOR**

HELADO   **CHINO**   **CASA**

S	O	B	R	I	N	A	X	O	A
L	I	T	R	O	P	V	B	J	L
L	O	C	E	K	A	E	U	M	E
M	K	A	I	C	N	I	Y	A	M
Á	S	R	G	L	A	N	Z	R	Á
Q	E	R	F	M	D	T	E	T	N
U	G	K	I	E	E	I	X	E	B
I	U	I	V	W	R	U	L	S	V
N	R	L	C	G	O	N	T	U	I
A	O	O	P	J	H	O	L	D	W

MÁQUINA **VEINTIUNO** **ALEMÁN**
SEGURO **KILO** **PANADERO**
SOBRINA **MARTES** **LITRO**

B	T	I	L	C	L	A	S	E	H
P	R	N	C	S	L	N	N	K	E
A	A	G	I	Z	G	A	O	Q	L
S	N	E	C	P	G	R	V	V	A
U	Q	N	E	A	J	S	I	I	D
S	U	U	R	P	K	P	E	S	O
T	I	O	D	E	J	I	M	A	Y
A	L	X	O	L	D	W	B	D	V
D	O	K	T	J	Y	T	R	O	H
O	X	A	X	U	W	N	E	H	F

INGENUO   **VISADO**   **CERDO**

TRANQUILO   **PAPEL**   **CLASE**

NOVIEMBRE   **ASUSTADO**   **HELADO**

L	Q	T	K	I	M	H	Z	Z	T
R	W	M	D	Z	O	W	Z	B	E
C	A	Y	Y	V	S	F	F	F	M
W	N	C	O	C	I	N	A	U	P
D	O	C	E	W	N	Q	Q	E	R
P	R	E	T	E	N	D	E	R	A
Q	C	U	A	R	T	O	G	T	N
C	H	A	M	P	A	Ñ	A	E	O
A	R	G	E	N	T	I	N	O	T
P	A	A	F	R	I	C	A	N	O

FUERTE **DOCE** **ARGENTINO**

CHAMPAÑA **CUARTO** **TEMPRANO**

AFRICANO **COCINA** **PRETENDER**

F	A	B	U	R	R	I	D	O	Z
C	I	W	L	P	S	D	N	T	N
B	M	G	Z	Q	D	B	M	S	E
L	P	O	S	T	R	E	A	U	R
I	R	D	A	K	A	F	R	E	V
B	E	M	A	Y	P	E	R	G	I
R	S	W	U	N	A	G	Ó	R	O
O	O	T	P	D	P	M	N	A	S
D	R	U	A	W	E	X	N	O	O
P	A	G	D	U	L	C	E	C	Q

ABURRIDO	**SUEGRA**	**LIBRO**
POSTRE	**NERVIOSO**	**IMPRESORA**
MARRÓN	**PAPEL**	**DULCE**

C	A	S	A	R	S	E	M	J	D
G	E	D	B	H	W	V	M	T	I
O	W	H	R	J	R	W	J	R	V
I	X	K	O	J	N	L	K	A	E
M	G	O	N	X	S	U	Z	N	R
O	S	S	C	J	A	E	G	Q	T
R	I	A	E	U	N	N	Z	U	I
E	E	B	A	W	G	E	S	I	D
N	T	E	D	P	R	R	L	L	O
O	E	R	O	Q	E	O	X	O	Z

SABER	**CASARSE**	**DIVERTIDO**
ENERO	**TRANQUILO**	**SIETE**
SANGRE	**MORENO**	**BRONCEADO**

I	S	O	P	A	J	P	Z	M	E
S	L	F	L	M	N	O	F	E	P
A	W	V	U	I	X	L	N	J	L
L	D	W	Ñ	S	F	A	L	I	I
F	F	W	A	T	F	C	H	L	T
J	R	I	Q	O	T	O	W	L	R
O	U	T	G	S	A	P	D	A	O
W	T	V	F	O	P	O	W	L	B
L	A	L	N	Z	Z	C	Z	S	D
L	E	S	C	U	D	I	L	L	A

ESCUDILLA	SOPA	UÑA
LITRO	FRUTA	SAL
MEJILLA	AMISTOSO	POLACO

D	I	V	E	R	D	E	H	W	Z
Z	B	I	S	T	E	C	O	N	T
U	V	I	H	E	L	A	D	O	Y
J	H	W	E	J	G	N	M	L	H
A	E	P	S	I	E	T	E	Q	C
Z	R	F	R	U	T	A	A	A	T
U	M	P	R	E	P	A	R	A	R
L	A	T	A	R	J	E	T	A	A
E	N	C	C	W	J	B	N	D	H
S	O	I	E	T	S	Q	B	V	V

HELADO   FRUTA   VERDE
SIETE   TARJETA   HERMANO
AZULES   BISTEC   PREPARAR

L	F	E	P	J	O	V	N	C	U
J	I	K	E	S	P	A	Ñ	O	L
U	S	A	L	N	C	O	K	K	M
G	V	E	L	A	H	B	O	V	L
O	P	C	I	C	L	I	S	M	O
V	Y	Z	O	W	S	L	T	N	F
U	C	U	C	H	A	R	A	D	A
E	D	C	X	G	X	U	X	H	O
L	B	R	Á	B	A	N	O	Z	G
O	Q	H	F	D	D	S	A	L	A

JUGO	CUCHARADA	VUELO
SAL	CICLISMO	SALA
RÁBANO	VELA	ESPAÑOL

I	P	P	H	K	A	N	N	K	J
I	A	A	C	X	S	K	E	R	C
B	C	T	O	F	U	Y	X	O	H
E	I	I	N	A	S	X	A	M	I
P	E	O	D	C	T	I	M	P	N
T	N	M	U	T	A	A	E	E	O
P	T	U	L	U	D	W	N	R	I
C	E	A	A	R	O	S	P	C	R
I	B	J	D	A	B	V	H	M	N
J	S	L	O	R	N	A	R	I	Z

EXAMEN   **ROMPER**   **PATIO**

FACTURAR   **CHINO**   **ASUSTADO**

NARIZ   **ONDULADO**   **PACIENTE**

W	U	V	I	P	R	I	M	O	B
S	Ó	T	A	N	O	O	C	H	O
A	T	Y	C	O	B	A	R	D	E
E	E	F	G	G	F	Z	U	Y	G
J	I	N	Q	U	I	E	T	O	Y
D	C	Y	Y	A	Q	V	G	J	Y
D	I	E	C	I	S	É	I	S	Y
J	Y	C	A	R	T	I	S	T	A
P	B	A	R	Á	N	D	A	N	O
C	C	U	Ñ	A	D	A	U	Z	I

ARÁNDANO   ARTISTA   CUÑADA

PRIMO   DIECISÉIS   SÓTANO

COBARDE   OCHO   INQUIETO

R	F	G	A	L	L	E	T	A	E
B	C	H	I	N	O	P	B	O	P
E	H	E	R	M	A	N	O	Y	I
K	I	N	G	L	É	S	Y	L	E
I	Q	N	F	F	C	Z	F	R	R
Z	E	M	P	L	E	A	D	O	N
J	U	E	V	E	S	J	N	W	A
E	F	E	S	E	C	R	E	T	O
H	J	P	U	R	U	F	G	L	L
E	T	A	R	J	E	T	A	I	T

EMPLEADO	JUEVES	INGLÉS
GALLETA	HERMANO	TARJETA
SECRETO	PIERNA	CHINO

C	C	B	Z	Q	N	E	P	Z	C
E	G	E	V	D	C	C	V	N	H
S	A	R	N	B	M	O	A	E	G
P	R	E	X	L	E	P	S	C	R
I	Z	N	S	I	L	I	O	Y	A
N	O	J	E	M	E	A	G	F	C
A	S	E	C	Ó	N	D	V	K	I
C	P	N	T	N	A	O	R	M	A
A	S	A	O	N	B	R	X	F	S
S	X	E	R	J	Y	A	Y	N	D

VASO	**BERENJENA**	**SECTOR**
GRACIAS	**LIMÓN**	**GARZOS**
COPIADORA	**MELENA**	**ESPINACAS**

G	V	T	K	S	L	R	S	M	Y
Q	E	S	C	A	L	E	R	A	B
B	W	A	S	L	G	A	D	I	M
Q	A	M	N	C	P	M	I	N	A
V	V	I	L	H	E	A	R	G	R
I	E	S	U	I	P	R	E	E	R
E	N	T	U	C	I	I	C	N	Ó
E	I	O	A	H	N	L	T	U	N
N	D	S	I	A	O	L	O	O	O
H	A	O	R	V	C	O	R	M	F

MARRÓN   **DIRECTOR**   **AVENIDA**

PEPINO   **AMISTOSO**   **ESCALERA**

INGENUO   **SALCHICHA**   **AMARILLO**

F	S	E	J	P	T	D	W	D	K
T	B	N	G	V	D	E	V	V	G
C	E	S	A	O	E	L	D	I	Y
O	B	A	L	Z	B	G	S	O	W
N	E	L	L	Q	K	A	E	L	H
E	R	A	E	B	I	D	J	E	E
J	W	D	T	I	U	O	J	T	L
O	S	A	A	N	X	N	Q	A	A
W	U	Z	P	O	T	E	C	U	D
N	E	M	A	Z	O	R	C	A	O

POTE   **GALLETA**   **HELADO**

VIOLETA   **MAZORCA**   **CONEJO**

DELGADO   **BEBER**   **ENSALADA**

PLUMA **PLATO** **ABUELA**
DOMINGO **AVIÓN** **DESPACHO**
LABIO **MEJILLA** **NOVIEMBRE**

O	R	D	E	N	A	D	O	R	I	
E	U	R	O	P	E	O	N	Y	Z	
L	E	J	O	S	T	P	D	F	Q	
V	E	I	N	T	I	U	N	O	U	
G	J	A	P	O	N	É	S	E	I	
U	E	S	Q	U	Í	Q	V	W	E	
B	I	C	U	E	X	R	Z	V	R	
T	F	U	E	R	T	E	I	W	D	
G	L	E	C	H	E	O	W	A	A	
B	A	U	W	Y	R	X	N	J	M	

FUERTE **ESQUÍ** **ORDENADOR**

VEINTIUNO **JAPONÉS** **LECHE**

LEJOS **EUROPEO** **IZQUIERDA**

Z	Q	B	M	J	P	S	P	J	Q	
Q	P	M	O	S	R	I	E	K	G	
D	E	E	S	E	E	E	R	Q	B	
E	R	Z	Z	C	S	T	A	N	P	
S	P	Q	P	R	E	E	P	L	E	
P	L	U	D	E	N	Q	B	D	R	
A	E	I	D	T	C	I	S	H	F	
C	J	N	D	O	I	M	V	F	U	
H	O	O	B	R	A	W	X	W	M	
O	B	S	O	B	R	I	N	O	E	

SIETE	SECRETO	PRESENCIA
PERA	DESPACHO	PERFUME
SOBRINO	PERPLEJO	MEZQUINO

M	A	S	I	Á	T	I	C	O	A
I	M	P	A	R	C	I	A	L	V
A	R	Á	N	D	A	N	O	Z	I
L	A	D	O	U	L	M	A	E	Ó
F	N	K	U	E	L	H	E	H	N
O	E	S	T	E	E	U	Q	C	P
C	G	U	I	S	A	N	T	E	S
U	C	O	M	P	R	A	R	M	X
J	Z	K	K	X	A	K	P	N	F
X	B	O	C	A	D	I	L	L	O

COMPRAR   AVIÓN   GUISANTES

IMPARCIAL   ASIÁTICO   BOCADILLO

OESTE   CALLE   ARÁNDANO

O	H	O	L	A	I	P	E	Y	J
P	N	K	R	T	M	K	M	Q	K
B	P	M	O	J	O	F	B	P	F
J	H	S	A	L	I	D	A	S	N
A	I	U	O	U	Z	P	R	V	C
P	J	É	I	J	P	E	Q	N	B
O	A	T	V	J	A	S	U	K	B
N	T	E	O	X	P	A	E	W	X
É	U	R	B	B	E	L	A	Y	N
S	S	O	C	G	L	S	U	S	H

HOLA   **PAPEL**   **SAL**

SALIDAS   **EMBARQUE**   **OJO**

HIJA   **SUÉTER**   **JAPONÉS**

Z	H	J	P	C	D	S	E	B	F
O	N	Z	R	U	E	U	U	Ñ	A
X	I	F	I	A	S	R	S	T	S
I	C	F	M	R	P	K	H	G	K
D	E	V	E	T	E	P	P	Z	K
O	R	F	R	O	G	A	V	F	T
U	O	L	O	I	A	V	K	R	T
L	N	Y	K	T	R	O	P	E	D
C	A	J	E	R	O	G	A	S	T
N	N	A	C	Q	C	C	Y	A	K

CAJERO	CERO	CUARTO
FRESA	PAVO	SUR
PRIMERO	UÑA	DESPEGAR

J	T	A	W	C	O	A	D	A	D	Q	L
W	W	R	M	H	Z	L	Y	P	P	Z
A	Z	T	C	I	E	E	P	R	D
I	D	I	U	C	S	M	U	E	I
N	S	S	C	X	T	Á	L	S	R
G	G	T	E	T	Ú	N	G	E	E
E	P	A	N	A	P	B	A	N	C
N	R	T	A	R	I	Y	R	C	T
U	J	K	F	E	D	U	L	I	O
O	R	X	T	A	O	M	L	A	R

ESTÚPIDO **ALEMÁN** **PRESENCIA**

INGENUO **TAREA** **ARTISTA**

DIRECTOR **CENA** **PULGAR**

E	I	T	A	L	I	A	N	O	K		
N	L	H	X	W	Q	B	Y	R	P		
F	C	A	J	E	R	O	H	D	R		
E	D	C	I	D	H	K	T	E	J		
R	D	E	L	O	E	E	A	L	A		
M	U	R	W	R	R	J	Z	G	P		
E	L	C	T	E	M	Z	A	A	O		
R	C	Z	Y	P	A	O	R	D	N		
O	E	G	N	E	N	I	K	O	É		
W	J	V	N	E	A	U	M	P	S		

DULCE	HACER	JAPONÉS
TAZA	ENFERMERO	CAJERO
DELGADO	HERMANA	ITALIANO

J	T	N	A	T	I	L	L	A	S
U	R	P	T	X	W	E	C	P	C
G	E	L	E	J	O	S	L	S	X
O	I	R	T	U	E	T	A	E	O
K	N	K	B	P	A	U	S	C	Z
K	T	E	C	O	R	D	E	R	O
U	A	E	B	V	J	I	R	E	C
W	V	V	N	Q	G	O	I	T	A
X	O	B	P	X	S	S	S	O	F
I	Q	B	K	E	Z	O	X	R	É

SECRETO **CAFÉ** **LEJOS**
CLASE **NATILLAS** **JUGO**
ESTUDIOSO **CORDERO** **TREINTAVO**

M	M	L	A	B	I	E	R	T	O
P	T	J	A	R	D	Í	N	N	O
I	M	I	E	P	Y	X	C	C	E
M	T	P	L	A	T	O	T	X	J
I	R	M	E	J	I	L	L	A	A
E	F	A	C	T	U	R	A	R	P
N	O	T	E	M	P	R	A	N	O
T	I	O	B	A	J	M	J	M	N
A	Y	O	A	D	S	F	B	E	É
N	N	A	R	A	N	J	A	R	S

JAPONÉS	**NARANJA**	**PIMIENTA**
JARDÍN	**TEMPRANO**	**FACTURAR**
MEJILLA	**ABIERTO**	**PLATO**

E	G	A	Z	U	L	E	S	O	B
P	N	T	O	B	R	K	W	I	U
P	T	H	R	R	V	H	B	T	R
I	O	E	A	A	D	P	A	A	E
M	M	R	D	S	K	A	S	L	Q
I	A	M	U	I	Q	S	T	I	Y
E	T	A	A	L	Q	T	A	A	P
N	E	N	N	E	F	E	N	N	R
T	W	O	A	Ñ	W	L	T	O	S
A	Y	B	E	O	G	J	E	Q	C

PASTEL   **ADUANA**   **TOMATE**
ITALIANO   **HERMANO**   **AZULES**
BRASILEÑO   **BASTANTE**   **PIMIENTA**

Z	D	X	X	L	V	S	P	I	H		
Q	H	L	G	D	F	D	K	J	I		
Y	J	S	A	C	A	R	Q	D	J		
P	A	S	U	S	T	A	D	O	O		
P	W	T	Q	S	O	P	A	V	G		
O	Z	M	A	R	R	Ó	N	B	O		
L	G	C	U	C	H	I	L	L	O		
A	U	I	F	C	T	R	E	C	E		
C	C	M	A	L	E	T	Í	N	G		
O	D	E	M	S	Q	D	V	B	D		

SOPA	POLACO	ASUSTADO
HIJO	CUCHILLO	SACAR
MARRÓN	MALETÍN	TRECE

B	Z	C	U	C	H	A	R	A	N
P	U	I	Z	M	P	D	N	Q	P
R	G	J	C	G	O	A	A	U	L
E	R	I	V	W	R	F	T	J	Á
S	I	N	V	A	T	R	I	R	T
E	S	G	E	V	U	O	L	Á	A
N	W	E	R	Q	G	S	L	B	N
T	P	N	D	I	U	U	A	A	O
A	W	U	E	Z	É	N	S	N	K
R	W	O	F	S	S	V	R	O	E

GRIS	NATILLAS	PRESENTAR
RÁBANO	INGENUO	CUCHARA
VERDE	PORTUGUÉS	PLÁTANO